AF509531

UN

MINISTRE DE L'INTÉRIEUR

SOUS LE DIRECTOIRE

Par le Père C. SOMMERVOGEL

De la Compagnie de Jésus,

Extrait des *Études religieuses, historiques et littéraires*
N° de septembre 1868.

PARIS

CHEZ AUGUSTE DURAND, LIBRAIRE

7, RUE CUJAS, 7

1868

UN MINISTRE DE L'INTÉRIEUR

SOUS LE DIRECTOIRE

Parmi les hommes qui ont joué un rôle politique pendant les dernières années du XVIIIe siècle, il en est plusieurs dont les actions méritent mieux que les oublis de l'histoire. Ce silence à leur égard trouve, je le sais, une facile explication. Les révolutions mettent en évidence les grandes victimes, ou les grands crimes, ou les grandes fortunes. L'audace surtout a le privilége de captiver les regards. On se prend malgré soi à s'étonner devant ces hommes, véritables fléaux de Dieu, lancés par la main de la Providence au milieu d'une société en dissolution, afin d'en hâter la ruine après lui avoir fait expier ses fautes. Fascinée par ces figures repoussantes et attachantes tout ensemble, la postérité n'a des yeux que pour elles, et passe, sans les honorer de son attention, à côté de réputations plus honorables et de mérites plus solides. C'est une injustice. Si dans une société tous les membres ont l'obligation de concourir à son bonheur, tous aussi n'ont-ils pas droit au blâme ou à la reconnaissance en proportion de leur plus ou moins de fidélité à remplir leur mission ?

N'est-ce pas aussi manquer à la vérité historique, que d'identifier l'époque de notre révolution avec les Robespierre, les Marat, les Couthon, à l'exclusion de tous autres ? Après la chute du trône, la France fut-elle assez malheureuse pour n'avoir plus à offrir de vertus que dans les rangs des victimes ? Le crime et la corruption avaient-ils entaché de leur rouille tous les rouages de l'administration ? Tous les hommes du gouvernement furent-ils des hommes de sang ? En un mot, n'y eut-il plus alors de ces honnêtetés qui n'ont jamais fait défaut aux sociétés dans leurs plus grands bouleversements ? Oui, il y en eut, et de nos jours la lumière se fait sur eux. La participation de ces hommes aux affaires est, je l'avoue, et sera toujours, aux yeux de certaines opinions, une flétrissure pour

leur mémoire, flétrissure que rien ne lavera jamais. Le nom
de modérés ou de politiques sera lancé comme une injure à
ceux qu'une conduite prudente tint à égale distance et de la
cruauté des oppresseurs, dont ils auraient dû s'éloigner, et
de la noble générosité des opprimés, qu'ils auraient dû suivre
dans la route du dévoûment quand même. Il est plus beau
de voir une épée se briser sur les débris d'un pouvoir qu'elle
a servi avec conviction, que de la voir soutenir une autorité
nouvelle et imposée par la force. Mais faut-il se plaindre, en
principe, que tous les honnêtes gens ne se croient pas l'obligation ou le courage d'aller aussi loin dans la voie du mar-
tyre politique? Des marins, en se croisant les bras, sauve-
ront-ils du naufrage le navire qui ne suit pas la direction
qu'ils avaient espérée? En semblable matière le doute est
permis. Respectons, sur ce point comme sur d'autres, les
opinions qui peuvent honorablement se soutenir. Ces considé-
rations m'ont paru à leur place avant d'étudier l'homme dont
je veux esquisser la vie.

I

Pierre Benezech naquit à Montpellier en 1749[1], d'une famille
originaire de Montpeyroux, au diocèse de Lodève. Son père
était Joseph-François Benezech[2], secrétaire du roi près la
chambre des comptes, aides et finances, de Montpellier. Sa
mère se nommait Catherine Quatrefages. Après des études
solides, Pierre, destiné par son père à suivre la carrière des
affaires, trouva en lui un guide sûr et éclairé. Dès sa jeunesse
il contracta l'habitude de l'ordre, dont il fit toute sa vie la
principale règle de sa conduite. Un avocat distingué, plus
tard membre du tribunat, Jean Albisson, compléta son éducation, en l'initiant à la connaissance de la jurisprudence et de
la politique.

Jeune encore, Pierre Benezech fut nommé agent de la députation du Languedoc près du gouvernement. Ces fonctions

---

[1] Quelques dictionnaires biographiques disent à tort 1745.
[2] Un acte de 1785 porte *Joseph-François de Benezech*, écuyer, secrétaire
honoraire du Roi ; et *Pierre de Benezech*, écuyer, seigneur des fiefs, terre et
seigneurie du Petit-Val. (Extrait des archives de Sucy, Seine-et-Oise.)

le fixèrent dans la capitale. Elles ne l'absorbaient pas assez pour qu'il ne crût pouvoir diriger en même temps deux administrations, capables de le mener à la fortune si les temps avaient été plus favorables. Le 10 décembre 1778 il forma une société et se rendit en son nom acquéreur du privilége des *Petites Affiches*. Renaudot, le fondateur de la *Gazette de France*, l'avait obtenu sous Louis XIII et transmis à sa famille qui le posséda jusqu'en 1717. A cette date, il passa, ainsi que celui de la *Gazette*, entre les mains de MM. Champoux et Verneuil. En 1751 ces deux priviléges furent séparés. M. Rabiot de Marle acquit le second et le conserva jusqu'en 1764, époque de sa suppression. Le premier fut possédé par M. Lebas de Courmont, qui le céda à M. Benezech. Cette feuille était intitulée : *Affiches, annonces et avis divers, ou Journal général de France*. Quelques articles de littérature y paraissaient de temps en temps pour rompre la monotonie des annonces. L'abbé Aubert en était chargé, et il s'acquitta de ce soin avec ce talent facile qui règne dans ses écrits. Vers 1790 il fut remplacé par Ducray-Duminil. « Depuis que le journal est à la merci de ce jeune écrivain, trop inférieur à sa besogne, et qui pourtant n'est pas sans mérite dans une autre partie, il n'offre plus rien de piquant, excepté les ventes de meubles et de chevaux, parce que ces objets sont très-chers ; et les *demandes en mariages*, invention nouvelle, assez plaisante, mais très-immorale, selon nous.... Quant aux *analyses dramatiques*, elles sont rédigées avec une partialité outrée, avec une légèreté sans exemple, et souvent même avec une ignorance condamnable[1]. » Ducray ne tarda pas d'ailleurs à fonder une publication rivale de celle de Benezech, sous le titre de : *Journal d'indications, d'annonces, petites affiches*. Inutile de suivre plus loin ces feuilles dont l'intérêt littéraire et politique est assez mince.

Cependant Benezech avait ajouté à l'utilité de son journal en y joignant un supplément sur l'agriculture et l'économie rurale, destiné aux habitants des campagnes[2]. Ses connais-

---

[1] *Dictionnaire néologique des hommes et des choses*, par le Cousin-Jacques. Paris, an VIII. T. I, p. 50. — L'auteur de cet ouvrage est Beffroy de Reigny. Il ne put en donner que deux volumes, la police en ayant arrêté l'impression.

[2] Ce supplément parut de 1788 à 1790.

sances personnelles en cette partie lui permirent même d'y insérer plusieurs articles signés : Le Pauvre, cultivateur à Sucy.

Quelques jours après l'acquisition du privilége des Affiches, Benezech, à la sollicitation de M. de Vergennes, ministre des affaires étrangères, prit la direction du bureau de correspondance avec les colonies. Le siége de l'administration était à Paris, rue Neuve-Saint-Augustin, avec une succursale à Bordeaux, sur l'emplacement du château Trompette. Le directeur de la correspondance nationale et étrangère était chargé des intérêts des colons de Saint-Domingue ; il leur baillait des fonds, remboursables en denrées coloniales, et garantis par les marchandises en mer ou prêtes à être embarquées pour la France, qui devaient arriver avant l'échéance des billets. Cette entreprise avait de l'avenir. Mais la guerre maritime avec les Anglais lui porta un coup fatal. Pour ne pas effrayer les créoles fixés à Paris, Louis XVI pria l'administrateur du bureau de correspondance de continuer ses avances, dont le malheur des temps ne lui permit jamais d'être remboursé. La suppression du privilége des Affiches par la Révolution entraîna plus tard la perte de tous les fonds consacrés à les soutenir, et la fortune de Benezech en reçut une rude atteinte ; celle de sa femme subit le même sort.

Le 6 janvier 1782, il avait épousé Thérèse-Charlotte Saget, fille d'un conseiller au Parlement de Paris, veuve en premières noces du baron Claude-Théophile de Boëil, colonel du régiment de Languedoc, mort le 1ᵉʳ octobre 1776. Cette union, paraît-il, fut déterminée par le dévoûment d'une part, et la reconnaissance de l'autre. Madame de Boëil avait été atteinte de la petite vérole. L'effroi qu'inspirait alors cette maladie contagieuse, avait éloigné d'elle tous les secours. Benezech seul eut le courage de la soigner et le bonheur de la ramener à la santé. Plus tard, dans une circonstance semblable, il fera preuve du même attachement envers elle, et l'arrachera encore une fois à la mort.

Ce mariage rendit Benezech propriétaire de la terre du Petit-Val, situé à Sucy[1] (commune de Boissy-Saint-Léger,

----

[1] Sucy, à quatre lieues un quart N. de Corbeil, à trois lieues et demie S.-E. de Paris, sur une colline, près de la rive gauche du Morbras, affluent de la Marne.

Seine-et-Oise). Il put dès lors se livrer avec plus de facilité à son attrait pour les travaux de la campagne. Il reconnut tout le parti qu'on pouvait tirer d'un terrain jusque-là assez mal entretenu. « Cette propriété était inondée les deux tiers de l'année ; il fit des dessèchements, étudia la nature du nouveau sol, le rendit cultivable, et bientôt il fut couvert de riches moissons. Il publia des expériences sur la préparation des semences, le chaulage des grains, et contribua à diminuer les effets de la carie dans l'étendue de ses terres. Avant que de se procurer des bêtes fines d'Espagne, il voulut essayer des races du Nord : le troupeau qu'il fit venir prospéra ; néanmoins, ce succès ne l'empêcha pas de se procurer depuis des bêtes espagnoles[1]. »

II

Ce fut au milieu de ces occupations aussi utiles que pacifiques, que Benezech vit arriver la Révolution de 1789. Attaché au parti de la royauté, il ne se crut cependant pas obligé de la suivre dans sa chute. La confiance et l'estime de ses concitoyens l'entouraient ; il y répondit et il entra dans la carrière politique qui s'ouvrait devant lui[2]. Successivement commandant de la garde nationale, juge de paix de son canton. administrateur du département de Seine-et-Oise en 1791, il déploya dans ces diverses positions toutes les ressources d'un esprit actif et intelligent.

Les justes inquiétudes inspirées aux nations étrangères par la fermentation de la France avaient allumé la guerre. La Champagne était envahie. Après le 10 août 1792, des levées en masse furent décrétées ; Benezech dut veiller à l'organisation du contingent de Seine-et-Oise. Procéder à l'enrôlement des volontaires, les fournir d'habillements et d'armes, leur assurer la subsistance nécessaire, tout fut exécuté avec le plus

[1] Challan, *Éloge historique de Pierre Benezech*,... prononcé à la séance publique de la Société d'agriculture de Seine-et-Oise, le 7 messidor an XI. Versailles, in-8°.

[2] La conduite de Benezech n'explique pas cette phrase du *Supplément au Diction. hist. de Feller*, 1849, t. I, p. 174 : « Il fut un de ceux qui, en 1790. se firent remarquer par leurs opinions révolutionnaires. »

grand ordre et la plus grande célérité. Le compte rendu de ces opérations, jugé digne par le gouvernement de servir de modèle aux autres administrations, fut imprimé par ses ordres. Non content de pourvoir aux exigences du moment, Benezech prévit l'avenir, et Versailles renferma bientôt un approvisionnement pour 3 à 4,000 hommes. Le concours de quelques honorables citoyens l'aida puissamment dans ces circonstances si décisives pour le pays. La misère du peuple des campagnes excita aussi sa vigilance; et ce fut pour y remédier dans les limites de ses forces qu'il établit au Petit-Val des fourneaux économiques : cent cinquante portions étaient chaque jour distribuées aux indigents de la localité. En même temps il essayait de combattre la famine par la fabrication d'un pain de farine et de pommes de terre.

Versailles était trop près de Paris pour que la conduite sage et éclairée de l'administrateur ne le signalât pas à l'attention du gouvernement. En 1794 les ministères avaient été abolis et remplacés par douze commissions, composées chacune en général de deux membres et d'un adjoint, nommés par la Convention sur la présentation du comité de salut public. Benezech fut appelé à diriger la onzième, celle des armes, poudres et exploitation des mines. Dans ses attributions rentrait la surveillance des manufactures d'armes, des fonderies, des machines de guerre, des munitions. On comprend facilement toute l'importance de cette administration à pareille époque. La République, seule en face de l'Europe, déchirée à l'intérieur par la guerre civile, n'avait de salut que dans un déploiement sans pareil d'activité, de dévoûment, de patriotisme, et malheureusement aussi d'arbitraire. La victoire était sa condition d'existence, et la guerre une nécessité pour elle. Aussi toutes ses forces se dirigèrent vers ce but. Le commerce, l'agriculture, les arts, les lettres durent se taire et « la France fut transformée en un vaste atelier; on voyait partout des forges allumées; il n'était aucun lieu où le bruit des marteaux ne se fît entendre; aucune commune qui ne fût occupée à extraire le salpêtre des terres et des décombres[1]. »

Dès le 21 floréal an II, le comité de salut public avait orga-

____

[1] Challan, *Éloge hist. de Benezech.*

nisé la préparation de cette matière indispensable à la composition de la poudre. Les magasins, les étables, furent livrés aux recherches des salpêtriers. Plus tard ce fut le tour des bâtiments appartenant au gouvernement, des biens nationaux, enfin des habitations particulières[1]. Les procédés les plus circonstanciés étaient publiés afin de mettre chaque citoyen à même de fournir « ce sel qui est la base de la poudre; et c'est la poudre qui doit terrasser les ennemis de la liberté. » Les encouragements et les félicitations récompensaient les efforts des patriotes; les proclamations les plus emphatiques venaient stimuler leur zèle. « Que les citoyennes elles-mêmes offrent à la liberté les cendres qu'elles destinaient à d'autres usages..... Au nom du genre humain en révolution, dont le bonheur est déposé dans le salpêtre, nous vous conjurons de manifester votre patriotisme, en recueillant jusqu'au dernier atome de cette précieuse matière... vous vous direz : Le salut du genre humain est peut-être dans la dernière livre de salpêtre que recèle ma demeure... alerte, citoyens ! aux armes ! aux armes ! c'est avant tout crier aux salpêtres, aux poudres[2] !... C'est avec du fer et du salpêtre que se cimente le bonheur d'un peuple libre... Du blé, du salpêtre et du fer, tels sont les premiers besoins de l'homme libre... Continuons donc de révolutionner nos caves et nos terres[3]. » On se prend à rire de nos jours à ces accents de sauvage éloquence; mais en 1794 on n'en riait pas, du moins en public, on travaillait. Le 15 pluviôse an II, une députation de citoyens défilait dans la salle des assemblées de la Convention, musique en tête, portant des chaudières remplies de salpêtre, et depuis le 13 pluviôse jusqu'au 26 messidor (février à juillet) la seule section de Paris avait fabriqué six cent millions de livres de cette matière[4]. Soixante ateliers fonctionnaient dans la capitale, et plus de six mille dans le reste de la France.

Benezech, avec le concours de Fourcroy, de Chaptal et de

---

[1] *Moniteur*, 14 mai 1792, 28 août 1793.

[2] 8 nivôse an II.

[3] 26 messidor an II.

[4] Le 13 prairial (1er juin 1794) on annonçait à la Convention « que les traits de l'immortel Challier ont été retracés dans un buste de salpêtre. »

Guiton, donna une nouvelle impulsion à cette industrie, en même temps qu'il surveillait la fabrication des armes. Mais il comprenait que l'état de choses ne pouvait se maintenir longtemps dans des conditions aussi précaires. A la place des ateliers particuliers répandus sur la surface de la France, et dont l'activité ne pouvait racheter l'infériorité des produits, il songea à établir une manufacture, qui survécut à cette foule d'arsenaux ruineux. Il appela de l'Allemagne des ouvriers intelligents, et les établit à Versailles sous la direction du citoyen Boutot. Bientôt ses efforts furent récompensés d'un succès complet: les carabines de Versailles acquirent une grande réputation, et furent jugées dignes de servir de récompenses nationales ou de présents aux alliés de la France[1].

Rien ne fera mieux connaître le véritable caractère de Benezech, que le fait suivant rapporté par le célèbre Bellart, mort le 7 juillet 1826, procureur général à la Cour royale de Paris. En 1792 Bellart, avocat au barreau de Paris, avait déjà attiré l'attention par son éloquence et la fermeté de ses convictions politiques. Choisi d'abord par Tronchet pour l'aider à défendre Louis XVI, il était désigné à la haine des révolutionnaires, quoiqu'il n'eût pas eu l'honneur de plaider la plus noble des causes. La prudence lui fit un devoir « de se soustraire par la fuite aux recherches et aux vengeances[2]. » Quand une apparence de tranquillité eut remplacé les plus sanglantes journées de la Terreur, « il put reparaître à Paris, sous les auspices et comme sous la protection d'un fonctionnaire qui, bien qu'employé dans un poste élevé, ne partageait pas intérieurement les maximes désorganisatrices des dominateurs

---

[1] A l'époque de la première exposition des produits de l'industrie française, Jours complémentaires an VI, « le jury ne crut pas devoir admettre au concours les fabriques nationales de Versailles et de Sèvres, attendu que les encouragements qu'elles reçoivent du Gouvernement leur donnent des moyens qu'il est difficile à des particuliers de réunir : il s'est borné à rendre une justice méritée aux superbes et nombreux produits qu'elles ont présentés à l'exposition. » (Catalogue des produits industriels. Paris, vendémiaire an VII, in-8, p. 19.) Plusieurs armes de la manufacture de Versailles furent cette année données en prix aux vainqueurs des jeux dans la Fête de la fondation de la République, le 1er vendémiaire an VII. (*Catalogue des produits de l'industrie française. — Jours complémentaires an VI*, in-8, p. 22-23.)

[2] Billecocq, *Notice historique sur M. Bellart.*

du temps. Ce fonctionnaire était M. Benezech, alors directeur
général des poudres et mines, depuis ministre de l'intérieur. »
Bellart raconte ainsi sa première entrevue avec lui. Ne pou-
vant demeurer plus longtemps dans la capitale sans le certi-
ficat de civisme qu'il se voyait refuser, il était dans la plus
grande incertitude, s'attendant à chaque instant à être arrêté, quand un de ses amis, Perrot de Chezelles, se présenta
chez lui. « Il avait été mon client et avait beaucoup d'affec-
tion pour moi. Je m'épanchai avec lui et lui racontai ma do-
lente aventure. Il s'en alla avec une précipitation qui, dans ma
disposition morose du moment, me parut bien peu amicale.
Deux heures après il revint. « J'ai là une voiture, me dit-il,
venez : il faut que nous allions à la commission des armes.—
La commission des armes ! Et pourquoi? — Vous le saurez.
Vite, partons. » Nous partons, nous arrivons à l'hôtel Maza-
rin, sur le quai Voltaire. Le suisse le connaissait : on le laissa
passer. Il me conduit dans une grande galerie. J'y trouve un
homme que je n'avais jamais vu, gros, grand, bien coiffé,
l'air très-froid. Il vient à moi. « Je sais votre histoire, me
dit-il. Vous êtes un homme très-dangereux ; un de vos amis
vous repousse. Il faut qu'un inconnu vous sauve. Je suis
cet inconnu-là. Venez demain, et j'espère vous prouver
qu'on peut être commissaire des armes de la république française et un honnête homme. » C'était Benezech, le même qui
a fait rendre depuis la liberté, par le Directoire, à madame
la Dauphine. Il préludait à cette grande bonne action par
de petites bonnes œuvres. Il me sauva véritablement. Quand
quelque forcené des comités lui parlait de moi, trouvant sur-
prenant qu'il m'employât, il répondait qu'il ne pouvait s'en
passer, alléguait de grands moyens que je n'avais pas, et me
cautionnait.

« C'est ainsi que je passai le temps jusqu'à la mort de Robespierre. Souvent Benezech, sa digne femme et moi, nous
nous enfermions pour déplorer à notre aise le malheur des
temps, et pour verser, dans des épanchements sans réserve,
nos douleurs et nos espérances, auxquelles venait s'associer
le marquis, aujourd'hui duc d'Avaray, commensal de cette
maison hospitalière, dont la maîtresse était toujours prête à
soulager les infortunes des royalistes. J'ai conservé à ce di-

gne couple un tendre attachement tant qu'il a vécu, malheureux d'en être aujourd'hui réduit à conserver un tendre attachement à leur mémoire, car ils ne sont plus. »

M. Bellart se trouva souvent chez Benezech avec le jeune général Bonaparte, alors âgé de vingt-cinq à vingt-six ans. « Presque tous les jours il l'y rencontrait. On y parlait souvent de politique ; on s'y expliquait sur les affaires du moment. Bonaparte prenait rarement part à la conversation générale ; le plus souvent il restait à l'écart, absorbé dans ses pensées. La même réserve était la sienne à la table de M. Benezech... »

Benezech passa ensuite à l'administration du génie, et s'y distingua par la même intelligence et la même probité. Il eût pu, comme le remarque un de ses biographes, réparer sa fortune dans ces différentes positions, qui échappaient alors si facilement à tout contrôle supérieur ; « mais il tenait trop à l'estime publique et à sa propre estime. On lui reprocha de n'avoir jamais rien fait pour ses amis ; mais qu'a-t-il fait pour lui-même, qu'a-t-il fait pour sa famille ? Rien : voilà sa justification[1]. »

III

Cependant les événements se succédaient en France au milieu des plus sanglantes agitations. La Convention avait fait place au Directoire ; la révolution effrayée elle-même de ses crimes s'arrêtait et remontait avec peine la pente rapide sur laquelle elle s'était précipitée. Rewbell, La Réveillère-Lépeaux, Barras, Carnot et Le Tourneur, tous cinq conventionnels et régicides, furent élus directeurs. Leur premier soin devait être la formation d'un ministère, composé d'hommes dévoués à leur cause ou du moins à celle de l'ordre. Le 12 brumaire an IV (3 novembre 1795), la justice était confiée à Merlin de Douai, les relations extérieures à Ch. Delacroix, les finances à Gaudin, la guerre à Aubert-Dubayet, la marine à Truguet, l'intérieur à Benezech. Plusieurs de ces choix s'expliquent par la solidarité d'opinions existant entre le nouveau

[1] Cadet de Vaux, *Notice biographique sur Benezech...* lue à la séance publique de la Société d'agriculture... de la Seine, le 2e jour complémentaire an X. Paris, an XI, in-8°.

gouvernement et les élus ; ils avaient les uns et les autres
voté la mort du roi. Benezech n'avait pour recommandation
que son intelligence des affaires et son caractère bien connu
de modération, qui lui conciliait la faveur des gens de bien.
Ses fonctions précédentes ne le rendaient pas suspect de
royalisme aux yeux des républicains ; le parti opposé était
loin d'éprouver pour lui la moindre répulsion.

Benezech, à son entrée au ministère, trouvait « la république dans une situation vraiment décourageante. Il n'existait aucun élément d'ordre et d'administration. L'anarchie et le
malaise étaient partout ; la famine se prolongeait, chacun re-
fusant de vendre ses denrées, c'eût été les donner[1]. » La charge
la plus lourde pour l'État était assurément celle qu'il s'était
imposée de nourrir lui-même la nombreuse population de
Paris. Ce système, renouvelé des Romains, devait cesser au
plus tôt. Le commerce avait été frappé à mort par trois années de guerre. L'agriculture, privée des bras nécessaires
au défrichement du sol, n'était plus en beaucoup d'endroits
qu'un souvenir. Les lettres, les sciences, les arts avaient
presque disparu. Des chansons révolutionnaires, des pam-
phlets furibonds, des journaux sanguinaires, une éloquence
désordonnée, semblaient un défi lancé à cette langue française autrefois si polie et si harmonieuse. L'éducation de la
jeunesse, la sûreté des citoyens, l'entretien des routes et des
forêts de l'État, tout en un mot réclamait de promptes réformes. Le ministère de l'intérieur embrassait ces différentes
administrations ; sa responsabilité s'étendait en effet sur les
maisons d'arrêt, l'état civil, les secours publics, les hospices,
les ponts et chaussées, les travaux publics, les mines, l'agriculture, le commerce, les manufactures, les arts et les inven-
tions, l'instruction publique, les bibliothèques, les musées,
les théâtres, les fêtes nationales, les subsistances[2].

La situation, on le voit, n'était pas sans difficultés. Le
nouveau ministre ne s'en effraya pas ; son plan fut rapidement tracé : il sut y être fidèle. C'était un plan de modéra-

---

[1] Mignet, *Histoire de la Révolution*, t. II, ch. XII.
[2] Le ministre de l'intérieur était aussi chargé de la police générale ; mais une
loi du 12 nivôse an IV (1er janvier 1796) en fit un ministère spécial.

tion, d'activité, de prudence. En acceptant ce poste de confiance, Benezech s'engageait à soutenir le gouvernement et à
faire taire, du moins officiellement, ses pensées intimes qui
l'attiraient vers un autre ordre de choses. Son langage, dans
les actes publics, devait être empreint des idées du temps; il
le parla, quand il le fallut, mais avec tous les tempéraments
possibles, évitant les exagérations républicaines et les impru-
dences royalistes. Espérait-il par là concilier des opinions
inconciliables? Peu d'hommes, si même il en est, ont réussi
dans ces positions incertaines, où la franchise se cache for-
cément derrière une duplicité d'emprunt. Benezech devait
s'en apercevoir vingt mois plus tard, et regretter peut-être
alors d'avoir sacrifié au désir de faire le bien ou à l'ambition
la dignité et la noblesse de son caractère.

Sans chercher à pénétrer l'avenir, il s'attacha du moins
avec persévérance à sauver sa patrie dans les limites de son
pouvoir. Le premier besoin urgent était celui de la tranquillité de Paris. La nombreuse population de la capitale comptait
sur le gouvernement pour avoir du pain. La faim, cette
mauvaise conseillère des populations remuantes, pouvait
amener des agitations fatales pour l'autorité des nouveaux directeurs; et, le jour de son entrée en fonctions, Benezech ne
trouvait que quatre-vingts sacs de farine dans les greniers
publics. Il en eût fallu de treize à quatorze cents pour satisfaire aux exigences de la distribution. Inutile de songer à modifier du jour au lendemain tout ce que ce système avait de
désastreux; le ministre l'accepta avec résignation, mais décidé à le faire cesser. Il commença immédiatement cette campagne, qui fut pour lui la cause de bien des déboires et de
plus d'une attaque. Dénonçant aux directeurs les infidélités
des soumissionnaires de grains dont le seul but était de faire
fortune; appuyant avec vigueur sur les dépenses excessives
occasionnées par le système, dépenses qui s'élevaient pour un
seul sac à 6,000 livres en assignats, ou à neuf millions par
jour, il annonça ses projets ultérieurs. Le Directoire eut le bon
sens de le laisser libre d'agir selon ses inspirations. Pour assurer le service, deux cent cinquante mille quintaux de grains
furent achetés, et quelques opérations intelligentes amenèrent
rapidement la baisse des prix. Bientôt la Halle aux Blés ren-

ferma dix mille sacs de farine de trois cent vingt-cinq livres ;
les boulangers en avaient autant. Le prix du sac de première
qualité s'abaissa à 60 et même à 45 fr. ; celui du plus beau
blé à 12 et 8 fr. le quintal ; et le pain ne coûta plus que 3
sous la livre au plus. Le 22 ventôse an IV (10 février 1796)
Benezech provoqua un arrêté des directeurs, qui supprimait
les distributions de farine. Les indigents seuls étaient exceptés
de la mesure : cent cinquante mille livres de pain et dix mille
de viande devaient subvenir chaque jour à leurs besoins.
Cette classe de pauvres nourris par l'État ne renfermait pas
les seuls indigents : les hôpitaux, les familles des défenseurs
de la patrie, les Hollandais réfugiés, les Acadiens et les Ca-
nadiens, et les déportés des colonies, des départements de
l'Ouest, avaient droit à ces secours. Le 19 thermidor (6 août)
une nouvelle mesure fut prise et exclut de la distribution
tous ceux dont l'état de misère n'était pas constaté. Paris fut
ainsi sauvé de la famine, et le gouvernement soulagé d'une
dépense qui égalait presque l'entretien journalier de ses quatorze armées [1]. « Le Directoire, frappé de ce passage si subit
de la plus cruelle famine à l'abondance, demanda un jour à
Benezech : « Comment avez-vous fait ? » Il se lève et se croise
les bras ; on attend sa réponse ; elle était dans cette attitude
d'immobilité. Le Directoire ne devinant pas le ministre lui
réitère la demande : « Comment avez-vous fait ? — Je me suis
croisé les bras ; j'ai rendu au commerce liberté et sûreté, et
il a repris son cours ordinaire [2]. »

Je ne suivrai pas Benezech dans toutes ses réformes. Paris
s'en ressentit aussi bien que la France. Le service de l'édilité
laissait beaucoup à désirer : le balai était trop cher, la pro-
preté des rues était négligée ; l'éclairage presque nul, car
l'huile était si mauvaise, qu'elle ne brûlait pas plus de deux
à trois heures ; les fontaines ne donnaient que cent cinquante
pouces d'eau par jour au lieu de six à sept cents, qui étaient
indispensables ; la voie d'eau, autrefois payée deux sous,
montait maintenant à cinq et six francs. Dans les départements le désordre existait sous d'autres formes. Les fonc-

----

[1] Lacretelle, *Histoire de France* (Paris, 1826), t. XIII, p. 43.
[2] Cadet de Vaux, *Notice historique.*

tions publiques n'étaient pas remplies , soit à cause des élections en retard, soit par la négligence des fonctionnaires eux-mêmes. L'agriculture et le commerce, faute de protection efficace, languissaient. Les prisons laissées sans surveillance, la gendarmerie étant trop peu nombreuse ou désorganisée, compromettaient la sûreté des citoyens. Depuis un an les quatre bagnes de Brest, Toulon, Rochefort et Lorient avaient vu l'évasion de trois cent quatre-vingt-huit forçats, favorisée par les gardiens qu'un traitement insuffisant n'attachait pas à leurs fonctions. Les impôts ne se payaient plus ; l'éducation publique dépérissait tous les jours. Benezech déploya une grande activité pour remédier à tous ces maux et stimula la vigilance des administrateurs départementaux. « Dans un gouvernement déjà établi, leur écrivait-il le 22 brumaire an IV, ce sont les institutions qui font les hommes ; dans un gouvernement naissant, ce sont les hommes qui font et soutiennent les institutions. Le moment est arrivé où les cœurs doivent s'ouvrir à la confiance, où les âmes doivent respirer librement, et où les esprits doivent se tourner vers la grande pensée du bien public. »

La plaie de la France était trop profonde pour qu'on pût la guérir sans blesser bien des hommes intéressés à l'entretenir et à l'aggraver. Pour eux la fortune et l'impunité reposaient sur la corruption, le désordre et l'anarchie. Quand on vit Benezech trancher dans le vif, surveiller par lui-même tous les détails de l'administration, faire des économies en écartant une foule d'agents inutiles, réduire à 666, puis à 193 le nombre des employés trop nombreux de son ministère, supprimer les distributions de vivres qui entretenaient la paresse et l'insouciance, les journaux anarchistes ne tardèrent pas à attaquer le nouveau ministre. Les tentatives de corruption l'avaient trouvé inébranlable [1] ; on essaya de la crainte. Une circonstance contribua peut-être à augmenter l'animosité de ses ennemis.

---

[1] « Mehrmals sandte er wælirend seines Ministeriums die Summen, womit Finanzspekulanten ihn besteichen wollten, in den œffentlichen Schatz. » (Ersch, *Allgemeine Encyclopædie*, Leipzig, 1822, t. IX, p. 23.) — « Des intrigants essayèrent de le corrompre. L'un d'eux déposa 2,000 louis dans son cabinet ; il les fit verser au trésor. » (Cadet de Vaux.)

IV

Depuis la mort de son frère, la fille de Louis XVI vivait seule au Temple, privée de toute relation avec l'extérieur, attendant un sauveur. La France ne l'oubliait pas. Plusieurs pétitions adressées au gouvernement avaient déjà contribué à améliorer sa position. L'Autriche, de son côté, entama des négociations pour obtenir que Marie-Thérèse lui fût remise. Deux millions furent offerts comme rançon. Le conventionnel Treilhard, en appuyant la demande, réclama toutefois une autre condition, plus digne d'un peuple libre : c'était l'échange de la princesse contre les représentants de la république, livrés aux Autrichiens par Dumouriez. Après de longs pourparlers les deux partis consentirent à traiter sur ces bases. Le 6 frimaire an IV (27 novembre 1795) le Directoire chargea « les ministres de l'intérieur et des relations extérieures de prendre les mesures pour accélérer l'échange de la fille du dernier roi contre les citoyens Camus, Quinette et autres députés, ou agents de la république ; de nommer, pour accompagner jusqu'à Basle la fille du dernier roi, un officier de gendarmerie décent et convenable à cette fonction ; de lui donner, pour l'accompagner, celles des personnes attachées à son éducation qu'elle aime davantage. »

Dès le lendemain Benezech accourait au Temple annoncer cette heureuse nouvelle à l'illustre prisonnière. Ce dut être pour lui un grand bonheur de pouvoir déposer quelques instants son caractère officiel, et laisser à ses sentiments intimes toute leur libre expansion. Sans crainte de compromettre sa position, il se montra tel qu'il était à Marie-Thérèse et à son entourage. Pour la première fois peut-être depuis sa captivité, la princesse se vit traitée selon son rang par un homme du gouvernement ; aussi sa confiance répondit pleinement à la bienveillance du ministre. Elle exposa ses désirs au sujet des personnes de sa suite, et Benezech s'engagea à ne rien négliger pour la satisfaire. En même temps il préparait tout pour donner un certain éclat au départ de la fille de Louis XVI. Malgré la résistance de la prisonnière, il poursuivit son dessein de lui faire confectionner un trousseau digne d'elle. Poussant l'audace plus loin, « il représenta aux directeurs qu'il était de leur honneur de prouver à l'Europe que non-seulement ils ne suivaient pas les traces sanglantes du passé, mais qu'ils savaient allier à la sévère intelligence de leurs devoirs les égards dus à l'unique et dernière fille de ceux qui pendant tant de siècles avaient gouverné le pays. Il osa demander de faire traverser la France à la jeune Marie-Thérèse dans une calèche attelée de huit chevaux, et de la laisser accompagner de toutes les personnes qu'elle avait indiquées elle-même pour sa suite. » Le vieux parti républicain ne permit pas l'exécution de tous ces projets; du moins il fut décidé que la princesse voyagerait incognito et trouverait à Bâle cet équipage ordonné par le ministre.

M. de Beauchesne a tout dit sur la conduite de Benezech dans cette négociation[1]. Cependant il n'a pas eu connaissance d'une lettre de Marie-Thérèse au ministre, assez intéressante pour trouver place ici[2]. La princesse n'ayant pu obtenir du Directoire l'autorisation d'emmener toutes les personnes qu'elle eût désiré, son choix dut se fixer sur madame de Sérent ou sur madame de Soucy, fille de madame de Mackau, comme dame d'honneur, et sur Lasne ou sur Gomin comme gardien. Elle écrivit au ministre :

Ce 17 décembre 1795.

Toute réflexion faite, Monsieur, je désire que madame de Sérent m'accompagne. Je rends justice au mérite et à l'attachement de madame de Soucy pour moi, mais dans la position où je suis, seule, ignorant absolument les manières du monde, j'ai besoin de quelqu'un qui puisse me donner des conseils, et madame de Sérent est celle que je crois la plus capable de m'en donner de bons. J'ai été souvent à portée de la voir, et j'ai reconnu en elle toutes les qualités que je désire. Si vous ne pouvez me donner qu'une seule femme, je demande positivement que ce soit madame de Sérent; si vous voulez m'en accorder deux je demande aussi madame de Soucy, pour lui marquer ma reconnaissance des soins que sa mère a pris de moi pendant quatorze ans.

[1] *Louis XVII*, t. II, p. 417-456.

[2] Le vénérable possesseur de ce précieux autographe me permettra de le remercier de l'obligeance avec laquelle il l'a mis à ma disposition.

Je vous recommande fortement M. Hue, c'est le dernier
serviteur de mon père qui soit resté avec lui en prison. Mon
père même me l'a recommandé en mourant, c'est une dette
sacrée que je dois à sa mémoire. Il demeure isle Saint-Louis,
quai d'Anjou; il est impossible qu'on ne le trouve pas.

Si vous choisissez un de mes deux gardiens pour me suivre, je demande que ce soit M. Gomin, il y a plus longtemps
qu'il est au Temple; c'est le premier être qui ait adouci ma
captivité, et comme par goût il est très-sédentaire, je le connais plus que son camarade, et j'ai plus de confiance en lui.

J'espère, Monsieur, que vous m'accorderez ces demandes.
La promesse obligeante que vous m'avez faite hier de m'accorder tout ce que je demanderais ne me laisse plus de doute
pour ces demandes-ci.

MARIE-THÉRÈSE-CHARLOTTE.

Ces demandes positives trouvèrent-elles quelque opposition au Directoire? La princesse changea-t-elle d'avis ultérieu-
rement? Madame de Sérent se vit-elle empêchée de partir?
Toujours est-il que ce fut madame de Soucy qui fit le voyage.
Sur les autres points Marie-Thérèse fut satisfaite.

Benezech fit chercher Hue. « Madame Royale, lui dit-il,
désire que vous la suiviez à Vienne... Voici un arrêté en
bonne forme, qui vous autorise à accompagner Madame
Royale, et même à rester auprès d'elle, sans que, pour raison
de ce voyage, on puisse vous appliquer les lois des émigrés.
Je suis heureux de pouvoir faire cela pour vous et pour Madame Royale. Il n'a pas dépendu de moi que l'heure de sa liberté n'ait sonné plus tôt[1]. » — « M. Benezech m'avait parlé
avec attendrissement du sort de la jeune princesse, qu'il n'ap-
pelait que du nom de Madame Royale. S'apercevant que je le
fixais d'un air étonné : « Ce nouveau costume, me dit-il,
n'est que mon masque. Je vais même vous révéler une de
mes plus secrètes pensées : la France ne recouvrera sa tranquillité que le jour où elle reprendra son antique gouvernement. Ainsi donc, lorsque vous le pourrez, sans me compromettre, mettez aux pieds du roi l'offre de mes services; as-

---

[1] Beauchesne, p. 426.

surez Sa Majesté de tout mon zèle à soigner les intérêts de sa couronne. » Je m'acquittai de cette commission[1]. »

Le jour du départ fut fixé au 27 frimaire (18 décembre) à onze heures et demie du soir. « Benezech sortit de son hôtel en voiture, et se fit conduire rue Meslay. Là il mit pied à terre et seul, avec un homme dévoué, il se rendit au Temple. Il frappa doucement deux coups à la porte extérieure[2]. » Marie-Thérèse lui fut remise par le commissaire civil, et, s'appuyant sur le bras du ministre, elle gagna la voiture qui l'attendait, rue Meslay. Après quelques détours on arriva rue de Bondy, où stationnait une berline de voyage. La suite de la princesse était réunie et à minuit la fille de Louis XVI et de Marie-Antoinette quittait une ville qu'elle ne devait revoir que dix-huit ans plus tard. A Bâle la princesse trouva le trousseau préparé pour elle par les soins du ministre; mais elle ne crut pas devoir l'accepter et le renvoya, en chargeant Gomin de témoigner à Benezech toute sa reconnaissance.

Le mystère entoura cette négociation si délicate. Le *Moniteur* du 26 décembre 1795 y consacre à peine quelques lignes. « Les préparatifs du départ ont été faits dans le secret que la prudence exigeait. Le ministre de l'intérieur fut prendre Marie-Thérèse-Charlotte au Temple, la conduisit à son hôtel, où une voiture de voyage l'attendait. On a fourni de la manière la plus convenable à tous ses besoins, et même à ses goûts. »

Benezech était sorti avec honneur de la mission qui lui avait été confiée. Il avait su éloigner tous les ombrages d'un gouvernement jaloux et inquiet, et satisfaire en même temps ses sympathies intimes. Les mains pures de tout sang innocent, il pouvait se présenter devant la fille du roi-martyr sans exciter en elle de regrets ou d'horreur; des services rendus avec loyauté et désintéressement au pouvoir du moment le mettaient à l'abri de toute suspicion. Un autre eût été ou impossible en pareille rencontre, ou incapable de s'y comporter avec délicatesse et dignité.

---

[1] *Dernières années du règne et de la vie de Louis XVI*, par Hue. Paris, 1814, in-8°, p. 568.
[2] Beauchesne.

V

Il était difficile cependant que la conduite du ministre
échappât entièrement à la critique des partis. Benezech fut
dès lors pour les uns un républicain déguisé, attaché à l'ancien régime; pour les autres un royaliste prudent, disposé
dans l'occasion à préparer une réaction contre la révolution.
Les journaux l'attaquaient, le calomniaient, ou le défendaient
selon leur couleur. C'était une situation compromettante d'un
côté, insoutenable de l'autre; la démission s'offrait au ministre comme le seul moyen de s'y soustraire. Le 28 nivôse
an IV (17 janvier 1796) il écrivit au président du Directoire :
« Tant que certains journalistes m'ont déchiré, mon courage
ne s'est pas affaibli; mais je m'aperçois que d'autres, en
prenant ma défense, me rendent l'objet d'une dispute politique. Je ne crains pas d'être calomnié par un parti, mais je
ne veux pas être défendu par un autre; c'était ce que je crai-
gnais le plus. Si je m'exposais plus longtemps à cette bienveillance, je deviendrais suspect, et je ne dois pas l'être pour
opérer le bien. Il est temps encore de prévenir les effets, dan-
gereux pour moi seul, de cette lutte dont je suis l'objet; mais
il n'y a qu'un seul moyen, c'est celui de ma retraite; tout me
dit qu'elle est nécessaire. Je vous prie en conséquence, citoyen président, d'offrir au Directoire exécutif ma démission
de la place de ministre de l'intérieur. Je l'ai exercée trop peu
de temps pour opérer un bien sensible; l'amélioration des
subsistances de Paris est la seule opération dans laquelle j'ai
rendu quelques services; j'ai la satisfaction de la laisser dans
un état tranquillisant. Dans ma retraite, j'emporterai le souvenir des bontés du Directoire exécutif pour moi... Je le prie
d'agréer mes regrets, d'approuver mes motifs, d'être per-
suadé que rien ne pourra diminuer mon respect et mon attachement pour lui, et de m'accorder quelque part dans son
estime. »

Les directeurs ne se rendirent pas aux raisons alléguées
par Benezech. « Un ministre, lui écrivit Rewbell, qui a su
braver la censure des uns, doit avoir le courage de se mettre
au-dessus des éloges des autres. Le Directoire exécutif est

satisfait de votre administration, et refuse d'accepter votre
démission. » Ce témoignage officiel sanctionnait toutes les
mesures adoptées par Benezech depuis son entrée au ministère : il n'infligeait aucun blâme à sa conduite dans l'affaire
des subsistances de Paris ; il. ne laissait pas soupçonner la
moindre désapprobation au sujet de la délivrance de Madame Royale ; le ministre resta. Le refus d'accepter la démission de Benezech produisit le meilleur effet ; car le gouvernement maintenait par là au pouvoir un des hommes,
alors si rares, capables de travailler au bien public.

Encouragé dans l'exécution de ses plans de réforme et
de réorganisation, Benezech reprit ses fonctions avec activité.
Les fêtes nationales, ces amusements dont le Directoire se
servait pour entretenir l'enthousiasme des masses et occuper
l'esprit inquiet des populations, absorbèrent une partie de
son attention, qui eût pu se porter sur des nécessités plus
pressantes. Les fêtes de la Reconnaissance et des Victoires,
de l'Agriculture, des Vieillards, de l'anniversaire de la fondation de la République, furent réglées par ses ordres, et le
8 germinal an V (28 mars 1795) il publia une instruction
pour déterminer le mode à suivre dans toute la France à l'occasion de ces cérémonies. Il fallait bien se soumettre aux
exigences d'un pouvoir qu'on s'était engagé à servir.

L'agriculture réclamait des mesures beaucoup plus urgen-
tes. Benezech les inaugura par la formation d'un conseil. Re-
cueillir et répandre des instructions sur les améliorations à faire
dans les campagnes, fut la première base d'une correspondance active ; elle fit connaître l'insuffisance du code rural ;
elle fit obtenir aux cultivateurs la conservation de la seconde
herbe, lorsque l'inondation avait dévasté la première... Les
desséchements indiscrets, autorisés par la loi du 14 frimaire,
furent dénoncés et suspendus..., des établissements ruraux
encouragés, améliorés et préservés. La pépinière des Char-
treux fut arrachée à une destruction complète ; celles de Versailles et de Trianon reçurent la destination de fournir les ar-
bres nécessaires à l'ornement des jardins publics, des grandes
routes, et à l'instruction des élèves dans les écoles centrales.
Le superbe troupeau de Rambouillet continua d'être soigné
et de prospérer ; en même temps on chargeait les commissai-

res de la république en Italie d'envoyer en France des tau-
reaux, des génisses, des buffles pour les acclimater et ajouter
ainsi aux ressources du pays. Des prix étaient fondés dans
les écoles vétérinaires d'Alfort et de Lyon. Une instruction
spéciale, insérée au *Bulletin des lois*, prescrivait des mesures
énergiques pour combattre les épidémies des animaux do-
mestiques. Enfin, comme témoignage de sa sollicitude, Benezech chargeait le conseil d'agriculture de donner une
édition soignée du *Théâtre d'Agriculture* d'Olivier de Serres[1].

Le commerce et les manufactures reçurent la même impulsion. De tous côtés des fabriques s'ouvraient. Les travaux
reprenaient avec activité aux Gobelins, à la Savonnerie, à
Sèvres, à Beauvais, à Lyon, et attestaient le nouvel essor de
l'industrie.

L'instruction publique rentrait aussi dans les attributions
du ministre de l'intérieur. Il y avait peut-être plus à faire
dans cette branche de l'administration. La décadence de l'en-
seignement ne datait pas d'un jour; elle remontait plus haut
que la révolution. Benezech n'eut pas le temps de réaliser
ses plans. Mais le peu qu'il lui fut donné d'exécuter témoi-
gne du moins du prix qu'il attachait à cette importante partie.
L'École polytechnique en particulier se ressentit de sa bienveillance éclairée[2]. La modicité des ressources dont il pouvait
disposer fut le plus grand obstacle à ses projets. On a repro-
ché à Benezech de n'avoir pas favorisé les gens de lettres autant que les artistes[3]; et de fait on ne trouve de secours ex-
traordinaire accordé aux littérateurs qu'une « somme de
400 francs destinée à payer une jambe artificielle au citoyen
Luce, ci-devant professeur de belles-lettres à l'Université de
Paris. »

Les arts eurent moins à se plaindre. Benezech réorganisa
les écoles de peinture et de sculpture, remplaça les prix con-

---

[1] Challan, *Éloge historique.* — Cette édition ne fut achevée qu'en 1804.

[2] *Histoire de l'École polytechnique*, par A. Fourcy. Paris, 1828, in-8°, p. 97
et suiv.

[3] *Dictionnaire néologique*, par le Cousin-Jacques. « Les artistes eurent beaucoup à s'en louer; il s'est fait aimer d'eux, parce qu'il les encourageait. Je n'en
dirai pas autant de tous les gens de lettres; il fut injuste envers plusieurs;
mais nous lui devons la justice de déclarer qu'alors il fut trompé, et qu'il a toujours bien agi, quand il a pu agir par lui-même. »

sistant en un insignifiant jeton de cuivre, par une médaille à
l'effigie du Poussin, rendit de la vigueur au concours pour
l'école de Rome. Afin de stimuler le talent des artistes, il leur
adressa une lettre, qui est insérée dans le livret de l'exposition du Louvre pour l'an V, où il les invite à célébrer surtout
les triomphes de la patrie. « Les sujets que vous prenez dans
l'histoire des peuples anciens se sont multipliés autour de
vous. Ayez un orgueil, un caractère national ; peignez notre
héroïsme, et que les nations qui vous succéderont ne puis-
sent point vous reprocher de n'avoir pas paru Français dans
l'époque la plus remarquable de notre histoire. J'invite les
élèves que le mouvement de la révolution aurait distraits de
leurs études à les reprendre avec plus d'ardeur, et à fixer
leurs regards sur cette couronne qui a toujours excité une
noble émulation dans l'école française. »

VI

Une nouvelle mission de confiance vint arracher Benezech
à ces occupations. La Belgique, conquise par les armées de la
République, réclamait aussi l'attention du gouvernement. Il
importait qu'elle entrât le plus vite possible dans le mouvement général de la France. De plus elle devait contribuer pour
sa part à augmenter, au moyen de son commerce, le bien-
être et la fortune de ses conquérants. Le Directoire voulut se
rendre un compte exact des ressources en même temps que
des besoins de ce pays. Benezech, qui venait de faire ses
preuves à l'intérieur, fut chargé de cette inspection. Le 3 pluviôse an V (22 janvier 1797) il annonce son voyage aux
administrateurs du département de la Dyle, leur envoyant l'arrêté du Directoire exécutif en date du 1er pluviôse. Aux ter-
mes de cette pièce, le ministre avait pour mission de recher-
cher les moyens d'améliorer l'agriculture, le commerce, les
arts et la marine ; le port d'Anvers devait surtout fixer son
attention, ainsi que l'entretien des canaux. « Il s'assurera des
mesures prises pour la tenue des prochaines assemblées pri-
maires. Il prendra les dispositions propres à assurer la tranquillité et le bonheur de ces départements et à inspirer aux
habitants l'amour des principes républicains. »

Benezech partit de Paris le 6 pluviôse, laissant son portefeuille à Cochon de l'Apparent, ministre de la police, et arriva le 8 à Bruxelles. La réception répondit au caractère dont il était revêtu. « Il entra dans la ville, dit le *Moniteur*, au milieu d'une brillante escorte, au bruit du canon et des applaudissements que lui prodiguaient tous les vrais amis du bien public. Le soir le ministre fut prié d'aller au spectacle, où l'on chanta à sa louange des couplets qui obtinrent des applaudissements universels. » Le lendemain le ministre se rendit à l'administration centrale du département de la Dyle et y prononça un long discours, où il expliqua le but de sa mission. « Je sens combien elle est belle et honorable pour moi. En la remplissant, je n'ai que des bienfaits à faire espérer ; en me rendant auprès du Directoire exécutif, je n'aurai à lui porter que des vœux et des observations utiles pour les pays que j'aurai parcourus. » Puis, insistant sur l'union de la Belgique et de la France, il ajoutait : « Je suis au centre de la Belgique, et tout m'annonce que je n'ai pas quitté la France ; je suis dans l'ancienne capitale des possessions de l'Autriche en deçà du Rhin, et je n'y vois que des Français. La nature a donc voulu la réunion politique de deux peuples déjà réunis par leurs goûts, leur langage, et surtout par leur commerce. » Il énumère ensuite les bienfaits que la Belgique doit à la liberté, et s'étend dans le détail sur tous les points qui vont l'occuper. « Le port d'Anvers doit être mis en état d'abriter les escadres de Brest ; des arsenaux maritimes, des chantiers de construction vont s'élever et annonceront ce que peut enfanter la liberté pour la prospérité des peuples. » Le Directoire réclame des renseignements sur l'instruction publique, sur les hospices, sur les manufactures. Mais, comme tout ne peut être prévu, Benezech annonce qu'il ne partira pas sans avoir nommé une commission chargée d'achever l'ouvrage ébauché par lui.

Après quelques jours passés à Bruxelles, le ministre continua son voyage par Louvain, Gand, Anvers, Malines et Mons. Partout il trouva le même accueil et le même enthousiasme. Cependant depuis le 17 pluviôse il hâtait sa marche vers Paris, où des événements sérieux l'appelaient au plus tôt.

L'existence du Directoire, déjà mise en péril par la conspi-

ration de Gracchus Babœuf et des jacobins, venait d'échapper
à un danger semblable que lui avait fait courir un complot
royaliste. On dit que le gouvernement le provoqua lui-même
sous main, afin de trouver l'occasion de frapper successivement tous les partis. Lavilleheurnois, l'abbé Brottier, Du-
verne du Presle, cédant ou à leur propre inclination ou à
de secrètes et perfides instigations, préparèrent une contre-
révolution. Le moment leur paraissait opportun. L'autorité
du Directoire n'était rien moins que solidement établie; des
aspirations vers l'ancien état de choses se manifestaient dans
toutes les classes de la société; plusieurs députés, appartenant au club de Clichy, ne cachaient pas leurs sympathies;
enfin l'appui au moins tacite de l'étranger, l'assurance de voir
les princes français accourir au premier signal à la tête des
émigrés; tout paraissait promettre le succès aux conspirateurs. Pour ne rien laisser au hasard, un plan général fut ré-
digé; on y détaillait avec soin les mesures à prendre après la
réussite du complot, pour empêcher l'anarchie de profiter
d'un changement politique; on y nommait jusqu'aux ministres qui devaient entrer immédiatement en fonctions.

Ce plan, aussi mal mené que légèrement préparé, avorta
par la trahison. Malo, cordelier défroqué et alors chef d'esca-
dron du 21ᵉ de dragons, feignit d'entrer dans les projets des
royalistes, et, quand il eut en main tous les fils de la conspira-
tion, il les livra au Directoire déjà prévenu et de connivence
avec lui. Les chefs du complot furent arrêtés, leurs papiers
saisis, un grand nombre de personnes compromises.

Lavilleheurnois et ses complices avaient remplacé tous les
ministres par des hommes de leur parti, ou qui du moins
pouvaient être acceptés. Benezech seul était conservé à son
poste. « Il avait essuyé tant d'attaques de la part des jacobins,
pour avoir proposé de revenir au commerce libre des subsistances et de ne plus nourrir Paris, qu'il en était devenu
agréable au parti contre-révolutionnaire. Administrateur
habile, mais élevé sous l'ancien régime qu'il regrettait, il mé-
ritait en partie la faveur de ceux qui le louaient[1]. » De plus il
était difficile que, par les relations avec les émigrés, on n'eût

----

[1] Thiers, *Histoire de la révolution*, t. IX, p. 16.

pas été informé de sa conduite envers Madame Royale. Benezech comprit non-seulement que sa position était sérieuse-
ment menacée, mais qu'il y allait peut-être pour lui de la liberté et même de la vie. Malgré une autorisation de prolonger
son séjour en Belgique, il s'empressa d'accourir pour se justifier, et le 24 pluviôse il était à Paris.

Dans une lettre datée du 26 pluviôse, il écrivait au président du Directoire : « J'apprends, par la lecture des pièces du
complot, que je suis porté sur la liste des hommes à mettre
en place par la faction royaliste. Je dois être d'autant plus
étonné de cette marque de confiance, que je ne connais aucun
des agents de la faction. Ils me connaissent bien mal eux-
mêmes, s'ils ont cru pouvoir compter sur moi, même après
la réussite impossible de leurs projets. » Le Directoire feignit
de se laisser convaincre par ce langage d'un homme, dont il
connaissait — il le fit bien voir plus tard — les secrètes pensées, mais qu'il ne redoutait pas assez pour s'en défaire. La
personne de Benezech n'était ni gênante, ni inquiétante, ses
services étaient précieux ; il fut maintenu à son poste. Mais
le ministre ne pouvait s'aveugler sur ce que sa position avait
désormais de précaire. Il était de ces hommes utiles entre les
mains d'un gouvernement, trop honnêtes cependant pour le
suivre dans toutes ses voies.

Le complot avorté de Lavilleheurnois n'avait pas découragé
le parti de la réaction. Les conseils législatifs et les assemblées
électorales se prononçaient de plus en plus dans son sens. A
la tribune des Cinq-Cents les discours audacieux de Camille
Jordan traduisaient avec éloquence les sentiments d'un grand
nombre des membres. Le gouvernement et l'armée, unis ensemble et ralliant à eux les plus avancés des conventionnels,
se mirent sur la défensive. Avant d'engager une lutte ouverte,
on songea à des transactions. Carnot était à la tête du parti de
la conciliation. Il crut pouvoir amener ses collègues du Directoire dans sa voie de modération, en demandant quelques
changements parmi les ministres. Le club clichien, dont il
était l'interprète, consentait au maintien dans leurs attributions de Pétiet, de Benezech et de Cochon de L'Apparent ;
mais on réclamait en retour la destitution de Merlin, de Delacroix, de Ramel et de Truguet. Les directeurs ne se laissèrent

pas abuser par ce plan qui tendait à les priver de leurs soutiens au ministère. Ils feignirent d'abord d'entrer dans ces vues. Mais à la séance du 29 prairial (17 juin) Carnot et Barthélemy virent bien qu'ils avaient été joués : Rewbell, La Reveillère et Barras, formant la majorité du conseil, destituèrent en bloc tous les ministres dont leurs ennemis demandaient la conservation. Ils ne manquèrent pas de raisons pour justifier cette mesure. Benezech, en particulier, avait perdu leur confiance depuis le jour où son nom s'était trouvé dans les papiers des conspirateurs royalistes; de plus, ses sympathies avouées pour le parti clichien le mettaient en opposition avec la marche du pouvoir. Tout cela pouvait être vrai ; mais le motif principal, le triumvirat du Directoire ne l'avouait pas. A la veille d'un coup d'État, « il avait besoin, pour l'accomplissement de ses vues, de modifier le ministère; plusieurs de ses membres ne lui avaient point donné de gages qui l'assurassent d'un dévoûment sans réserve à toutes ses combinaisons[1]. » D'après *le Moniteur*, Benezech aurait offert lui-même sa démission peu de temps avant le 13 thermidor (31 juillet), jour où elle fut acceptée par les directeurs, qui le remplacèrent par François de Neufchâteau, « homme de lettres assez distingué, mais plus disert que capable[2]. »

Ce bouleversement de ministère, dit Lacretelle, fut reçu avec beaucoup d'ombrages dans les deux conseils, et Fantin-Desodoards assure que « cet acte d'administration fut présenté aux Cinq-Cents comme une calamité publique[3].... » Quelques mois plus tard, le 22 frimaire an VI (12 décembre 1797), Chazal, un des courtisans du Directoire, disait en pleine tribune au sujet de Benezech dont il attaquait l'opposition au mariage de la fille de Lepelletier Saint-Fargeau : « Des lettres de cachet lancées, obéies, l'an IX de la chute de la Bastille et de la liberté conquise, l'an V de la République fondée, l'an II de notre constitution !.... Qu'on ne s'étonne plus si Benezech mérita, aux yeux des agents de Blankembourg, d'être nommé ministre de la monarchie rétablie, au poids de laquelle il préparait si bien la nation ! Que n'eût-il pas fait à

[1] De Conny, *Histoire de la révolution*, t. VI, p. 248.
[2] Thiers, t. IX, p. 209.
[3] *Histoire philosophique de la révolution*, 5ᵉ édit., t. VIII, p. 116.

l'abri du trône !... Les gens du roi devaient déplorer sa perte ;
ce fut vraiment une calamité royale. » Quoi qu'il en soit, Benezech ne dut pas regretter sa destitution le 18 fructidor
suivant (4 septembre). Mis à l'écart, il évita ainsi de prendre
part à ce coup d'État qui rouvrait l'ère des rigueurs gouver-
nementales, condamnait à la déportation près de 400 personnes, lançait de nouvelles lois de proscription contre les
prêtres et les émigrés. Il valait mieux pour lui sortir du
ministère en emportant intacte sa réputation d'honnête
homme. Ce fut d'ailleurs la seule fortune qu'il y acquit[1]. Il
put se rendre ce témoignage contre lequel l'histoire n'a pas
protesté : « J'ai la satisfaction de pouvoir dire : J'ai fait quelque bien ; si je n'ai pas fait tout celui que j'aurais voulu faire,
j'ai empêché que le mal ne s'aggravât dans les parties qu'il ne
m'a pas été possible d'améliorer[2]. » Aussi Beffroy de Reigny
écrivait-il : « L'occasion, qui s'offre souvent, de raconter des
traits de vertu ou de parler d'un homme estimable, est un
ample dédommagement pour l'écrivain sensible et judicieux.
C'est ce que l'on éprouvera toujours, quand il faudra parler
d'un magistrat comme Benezech. On l'a accusé de faiblesse,
mais on ne prouve aucun fait à l'appui de cette assertion, mais
ce qu'on prouve aisément, c'est sa droiture, ses connais-
sances, ses talents, son bon goût et surtout son humanité[3]. »

VII

Après avoir échappé, par l'influence d'un membre du Directoire, à la liste de déportation dans laquelle son nom avait
été inscrit au 18 fructidor, Benezech rentra dans la vie privée.
Retiré au Petit-Val, il se livra tout entier à sa passion pour
l'agriculture, et devint membre de la Société établie dans le
département de Seine-et-Oise pour encourager les travaux de
la campagne. « Cette société naissante dut beaucoup à son

---

[1] « Il eût pu trois fois refaire sa fortune ; il sut préférer à de l'or mal acquis,
non la médiocrité, le sage sait s'en contenter, mais il lui préféra la misère. »
(Cadet de Vaux.)

[2] *Compte rendu par Pierre Benezech, ministre de l'intérieur, de son administration*. (13 brumaire an IV. — 13 thermidor an V.) Paris, 2 vol. in-4°.

[3] *Dictionnaire néologique*, par le Cousin-Jacques.

assiduité et au zèle avec lequel, en applaudissant aux innovations utiles, il défendait les leçons de l'expérience, contre ceux qui appellent prévention et préjugés de la routine ce qui n'est souvent que précaution et prudence [1]. »

L'estime du premier Consul alla le chercher au milieu de ces tranquilles occupations. Le 10 frimaire an VIII (30 novembre 1799) Benezech était rappelé à Paris. « On pense, dit *le Moniteur*, que c'est pour un ministère. » Cette conjecture était sans fondement. Le 4 nivôse (23 décembre) il entrait au conseil d'État, dans la section de l'intérieur, présidée par Roederer. Il présenta en cette qualité un projet de loi pour la reconstruction des maisons démolies à Lyon pendant le siége, et en particulier de celles de la place Bellecour. Il développa son projet au Corps législatif, et le vit adopter par 288 voix contre 5. Peu de temps après Bonaparte le chargea de l'administration intérieure du palais des Tuileries, avec la fonction spéciale de présider aux réceptions officielles [2]. En novembre 1801 cet emploi fut supprimé, et il fut nommé préfet du palais avec MM. Didelot, de Luçay et de Rémusat. Cette position de confiance semblait assurer à Benezech une existence aussi honorable que peu agitée. Un nouvel événement l'en tira.

L'expédition de Saint-Domingue venait d'être décrétée. Une armée de débarquement était réunie sous les ordres du général Leclerc. Benezech, sur une demande motivée peut-être par son espérance de rentrer en possession de ses anciennes avances de fonds faites aux colons, ou par une nouvelle preuve de l'estime du premier Consul, fut nommé préfet colonial au Cap [3]. Il prit la mer en 1802 avec sa femme et les

---

[1] *Éloge historique*, par Challan.

[2] « Benezech fut nommé, sous le Consulat, inspecteur général du jardin des Tuileries. Cet emploi, fort assujettissant et assez peu honorable, avait fait de lui une sorte de maître de cérémonies et de maître d'hôtel. L'avantage d'approcher le premier Consul était compensé par des humiliations et des dégoûts de toute espèce. » L'auteur de la *Biographie de tous les ministres...*, p. 23-25, me paraît assez mal informé en cet endroit.

[3] Quelques écrivains ont donné d'autres raisons à cette nomination. « Benezech et sa femme, dit Bellart, furent envoyés à Saint-Domingue, sous un titre pompeux, dans un réel exil, par le vindicatif Bonaparte, mécontent d'apprendre qu'ils avaient osé conseiller à sa belle-fille Hortense de le porter à suivre l'exemple de Monck. »

deux filles qu'elle avait eues de son second mariage. Saint-Honoré Benezech, officier supérieur du génie, suivit son frère. A peine arrivé dans son département, le nouveau préfet se mit à l'œuvre avec son activité habituelle. Tout était à réorganiser dans une colonie dévastée par la révolte et la guerre : ordre public, commerce, industrie. On sait le résultat malheureux de cette expédition. La fièvre jaune se jeta sur les nouveaux débarqués et ne tarda pas à exercer dans leurs rangs de cruels ravages. Madame Benezech, une des premières atteintes, ne fut sauvée que par le dévoûment de son mari, qui s'estimait heureux de l'avoir ainsi arrachée pour la seconde fois à la mort. Mais le préfet colonial est lui-même frappé. Il eût peut-être échappé au fléau, quand une triste nouvelle amena une rechute. Il attendait l'arrivée de sa belle-fille, veuve de M. de Boeïl[1]. Cette jeune femme était sur le point de quitter Paris pour la colonie, quand elle fut malheureusement consumée par les flammes d'un foyer près duquel elle s'était endormie. Benezech, saisi de nouveau par l'épidémie, ne se releva plus. « Le préfet colonial est à l'agonie, » écrivait Leclerc au premier Consul, le 22 prairial (10 juin) ; et trois jours plus tard : « Le citoyen Benezech est mort. Je regrette en lui un administrateur qui joignait à une longue expérience, du zèle et un grand attachement pour le gouvernement. Je vous recommande sa famille qui paraît en avoir besoin : car, après les grandes fonctions qu'il a remplies, il meurt pauvre. »

Madame Benezech reprend le chemin de la France avec ses enfants. Elle ne tarde pas à succomber pendant la traversée, son beau-frère et sa belle-sœur la suivent bientôt dans les flots de l'Océan, avec 127 passagers. Les deux jeunes filles de Benezech, orphelines et sans soutiens, arrivent en France, où une modique pension leur fut accordée en récompense des services de leur père[2]. Confiées aux soins de madame

---

[1] M. de Boeïl, beau-fils de M. Benezech, officier au régiment de Berry, était mort à Saint-Domingue le 1er septembre 1794.

[2] 5 brumaire an XI. — Les consuls de la République, sur le rapport du ministre de la marine et des colonies : considérant que les services du citoyen Benezech, tant en qualité de conseiller d'État qu'en celle de préfet colonial, mort dans l'exercice de ses fonctions, rendent ses enfants susceptibles de l'ap-

Campan, elles sortirent de Saint-Denis pour épouser, l'aînée, un colonel de hussards, la cadette, un secrétaire d'État du grand-duché de Berg.

Telles furent la vie et la mort de Pierre Benezech. « Nous avons eu beaucoup de ministres plus habiles que lui ; nous en cherchons vainement de plus probes[1]. » Ce ne fut pas un grand caractère, encore moins un génie, mais un homme honnête et utile, ce qui n'est pas sans prix dans les circonstances difficiles où il vécut.

C. Sommervogel.

plication de l'article IX de la loi du 18 fructidor an VI ; le conseil d'État entendu, arrêtent :

ART. I. Il est accordé à chacune des deux filles du citoyen Benezech, une pension de 900 francs, à titre de récompense nationale.

ART. II. Sur cette somme de 900 francs, celle de 600 sera acquittée par la caisse des invalides de la marine, et le surplus sur les fonds affectés au service de la marine, etc , etc. (*Bulletin des lois*, IIIe série, 228, n° 2108.)

[1] *Biographie de tous les ministres depuis la constitution de 1791 jusqu'à nos jours*. Paris, 1825, in-8°, p. 23-25.

PARIS. — IMP. VICTOR GOUPY, RUE GARANCIÈRE, 5.